Kosmisch

Gabriela Rosenwald

Indianer

Die Ureinwohner Amerikas

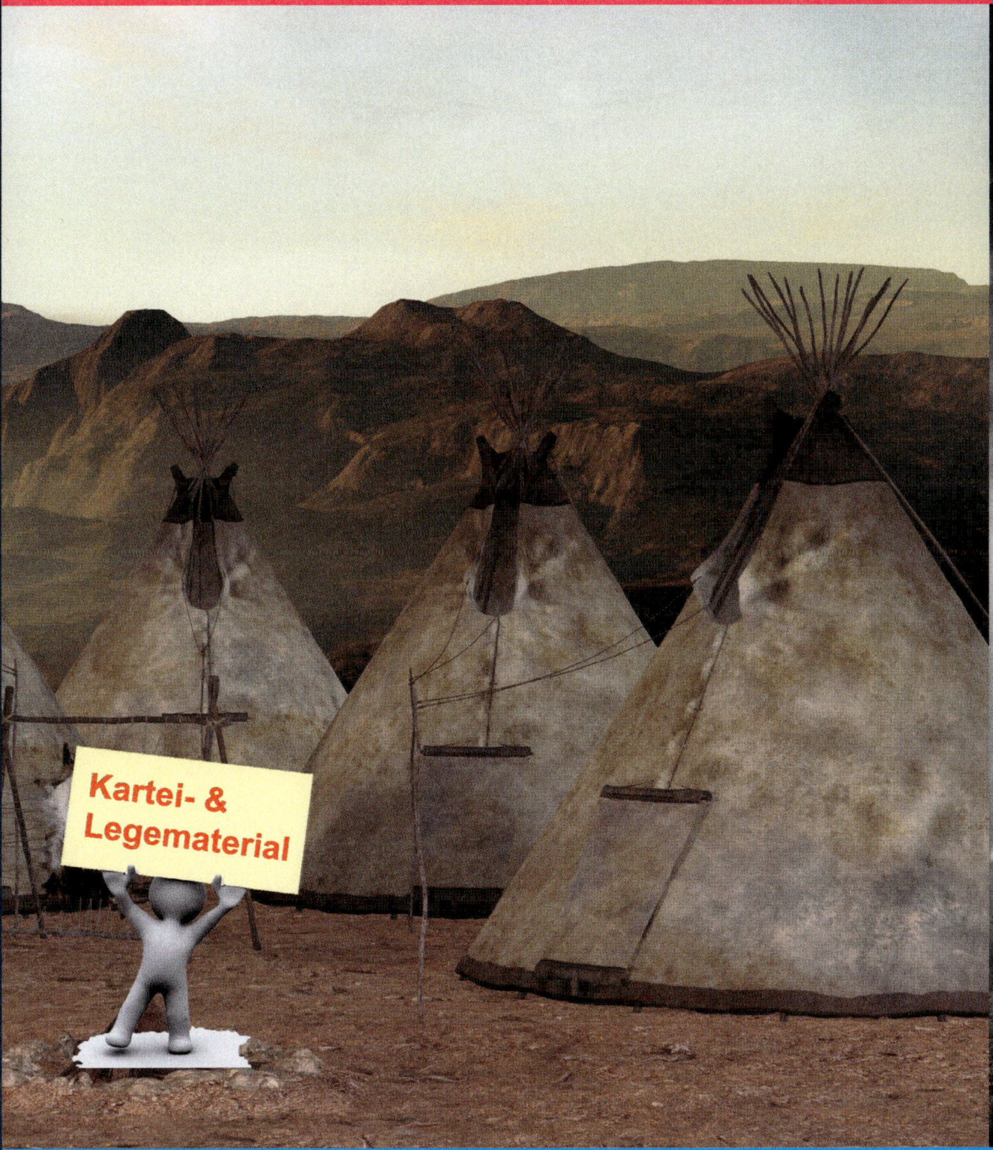

Kartei- & Legematerial

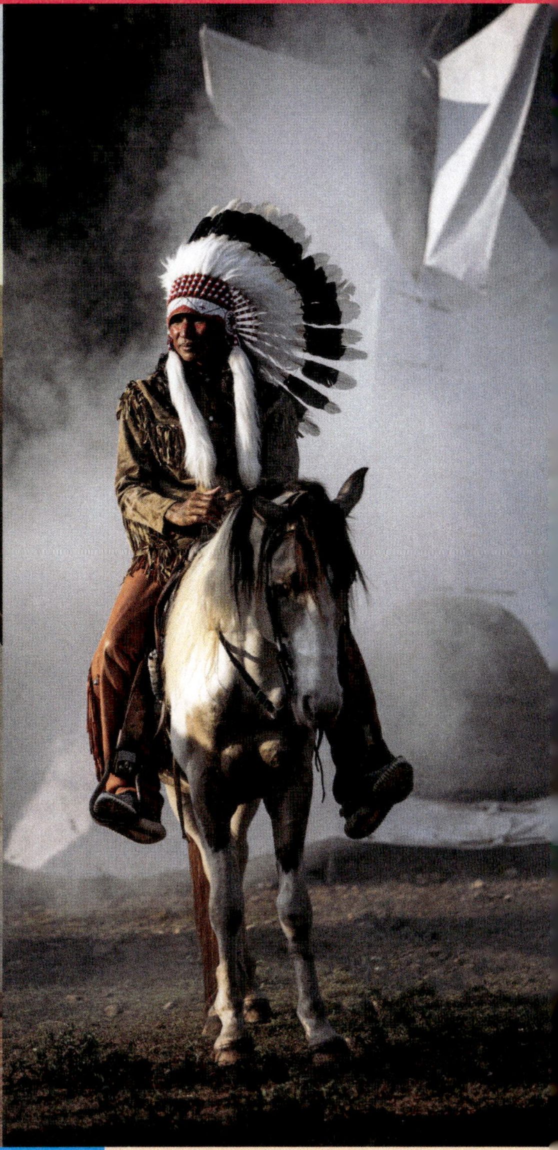

Lern- und Legematerial

Montessori-Reihe

www.kohlverlag.de

Indianer

Die Ureinwohner Amerikas

1. Auflage 2021

Inhalt: Gabriela Rosenwald
Umschlagbild: © Andreas Meyer & Somchai - AdobeStock.com
Redaktion: Kohl-Verlag
Grafik & Satz: Kohl-Verlag
Druck: farbo prepress GmbH, Köln

Bestell-Nr. 15 066

ISBN: 978-3-98558-109-2

Bildquellen: © AdobeStock.com

Seite 3: orensila; **S. 4:** pictrider; **S. 5:** Moriz; **S. 6:** Design Studio, Piumadaquila, vector_factory, Buch&Bee; **S. 7:** kuco, Alfredo, Dimitrios; **S. 9:** PackShot, everet-tovrk, Mannaggia; **S. 11:** pictrider, Hanna Tor; **S. 12:** kapona; **S. 13:** natalia hubbert, kjolak, chromaco v, Marina, fotoliauser0001, Tanya Syrytsyna; **S. 15+19+27:** Artalis-Kartographie, Buch&Bee, vector_factory; **S. 17:** Ralph, peteleclerc; **S. 21:** trokerr, Kyle.Cr8on, PrazisImages, Yudi; **S. 23:** Artalis-Kartographie, Buch&Bee, vector_factory, searagen; **S. 25:** Jillian, Artalis-Kartographie; **S. 29:** murziknata; **S. 30:** Mira Drozdowski, Dario Lo Presti; **S. 31:** pictrider; **S. 33:** Piumad aquila, Silvio, pictrider; **S.35:** TOimages, likstudio; **S. 37:** forcdan; **S. 39:** ii-graphics, lesniewski; **S. 40:** searagen, Scott

© **wikipedia.com: S. 9:** Buzzzsherman, Great Seal of the Navajo Nation - Bobby C. Hawkins; **S. 15:** Wigwam - Cephas; **S. 17:** Donnacona; **S. 21:** Totempfahl - Husky22, Iroquoian Village Ontario Canada - Laslovarga; **S. 25:** Siuox Litter - Rinehart, F.A; **S. 29:** Groiup of NAvajo - John K. Hillers, Last of Weavers, Mesa Verde - Don Graham; **S. 32:** Yakari - J. N. Squire (Photo)/Derib (art); **S.35:** Pemmican Ball - Jen Arrr; **S. 37:** Mesa Verde - Wolfgangbeyer, Winnetou - Tamarin; **S. 40:** Ganondagan Haus - Dmadeo, Mesa Verde - Wolfgangbeyer

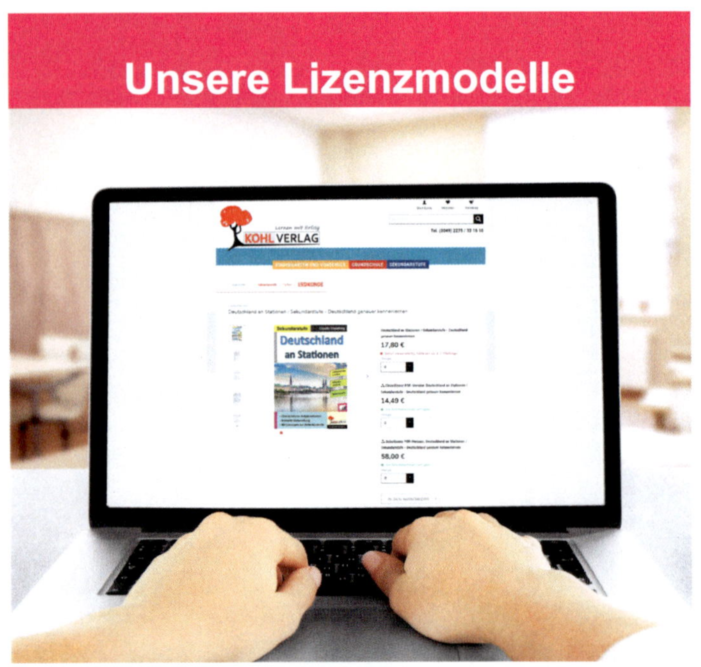

Der vorliegende Band ist eine Print-Einzellizenz

Sie wollen unsere Kopiervorlagen auch digital nutzen? Kein Problem – fast das gesamte KOHL-Sortiment ist auch sofort als PDF-Download erhältlich! Wir haben verschiedene Lizenzmodelle zur Auswahl:

	Print-Version	PDF-Einzellizenz	PDF-Schullizenz	Kombipaket Print & PDF-Einzellizenz	Kombipaket Print & PDF-Schullizenz
Unbefristete Nutzung der Materialien	x	x	x	x	x
Vervielfältigung, Weitergabe und Einsatz der Materialien im eigenen Unterricht	x	x	x	x	x
Nutzung der Materialien durch alle Lehrkräfte des Kollegiums an der lizensierten Schule			x		x
Einstellen des Materials im Intranet oder Schulserver der Institution			x		x

Die erweiterten Lizenzmodelle zu diesem Titel sind jederzeit im Online-Shop unter www.kohlverlag.de erhältlich.

Inhalt

Vorwort

Das Thema Indianer weckt gerade bei den jüngeren Schülern Interesse. Kinder lieben es, Indianer zu spielen und sich als solche zu verkleiden. Dies ist nicht weiter verwunderlich. Indianer stellen ein Bild der loyalen und freiheitsliebenden Kämpfer dar, die tapfer gegen jedes Unrecht angehen. Jeder von uns kennt wohl eine dieser Erzählungen von Winnetou, Yakari oder Pocahontas.

In diesem Heft können die Schüler/innen die Küsten-, Wald-, Prärie- und Puebloindianer erforschen. Dazu finden sie die Indianergeschichte, berühmte Indianer sowie Tomahawk, Tipi, Friedenspfeife usw.

Das Bild, das wir von den Indianern haben, ist von den Geschichten Winnetous oder Westernfilmen bestimmt: Federgeschmückte Krieger, die durch die Prärie reiten und sich wilde Gefechte mit den Weißen oder ihresgleichen liefern.

Verständlicherweise ist dies ein einseitiges und etwas verzerrtes Bild, das die Kinder so vermittelt bekommen. Hier sollen die Schüler/innen mit ausreichendem Hintergrundwissen versehen und das doch idealistische Weltbild ein wenig gerade gerückt werden. Dabei sollen aber ebenfalls Vorurteile gegen fremde Kulturen abgebaut und Toleranz für neue Kulturen aufgebaut werden.

Spannendes Lernen und viel Erfolg wünschen der Kohl-Verlag und

Gabriela Rosenwald

... und so sieht es aus

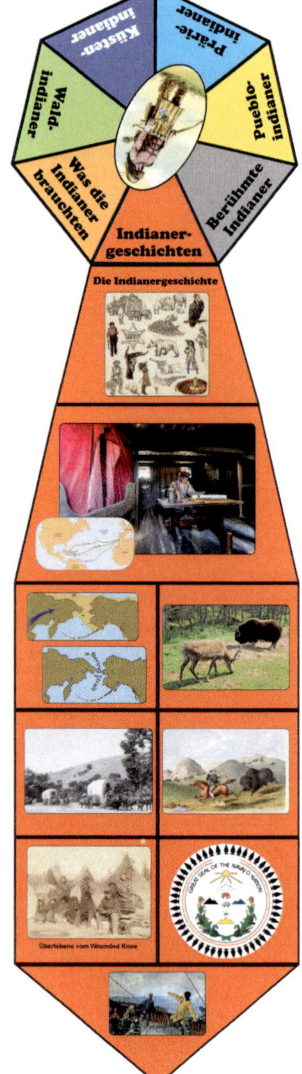

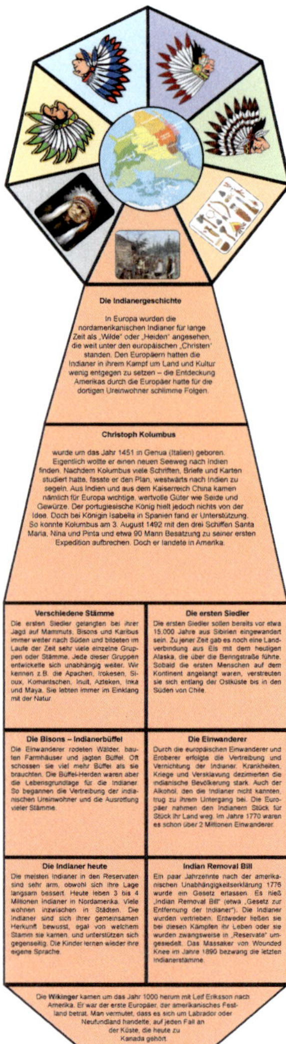

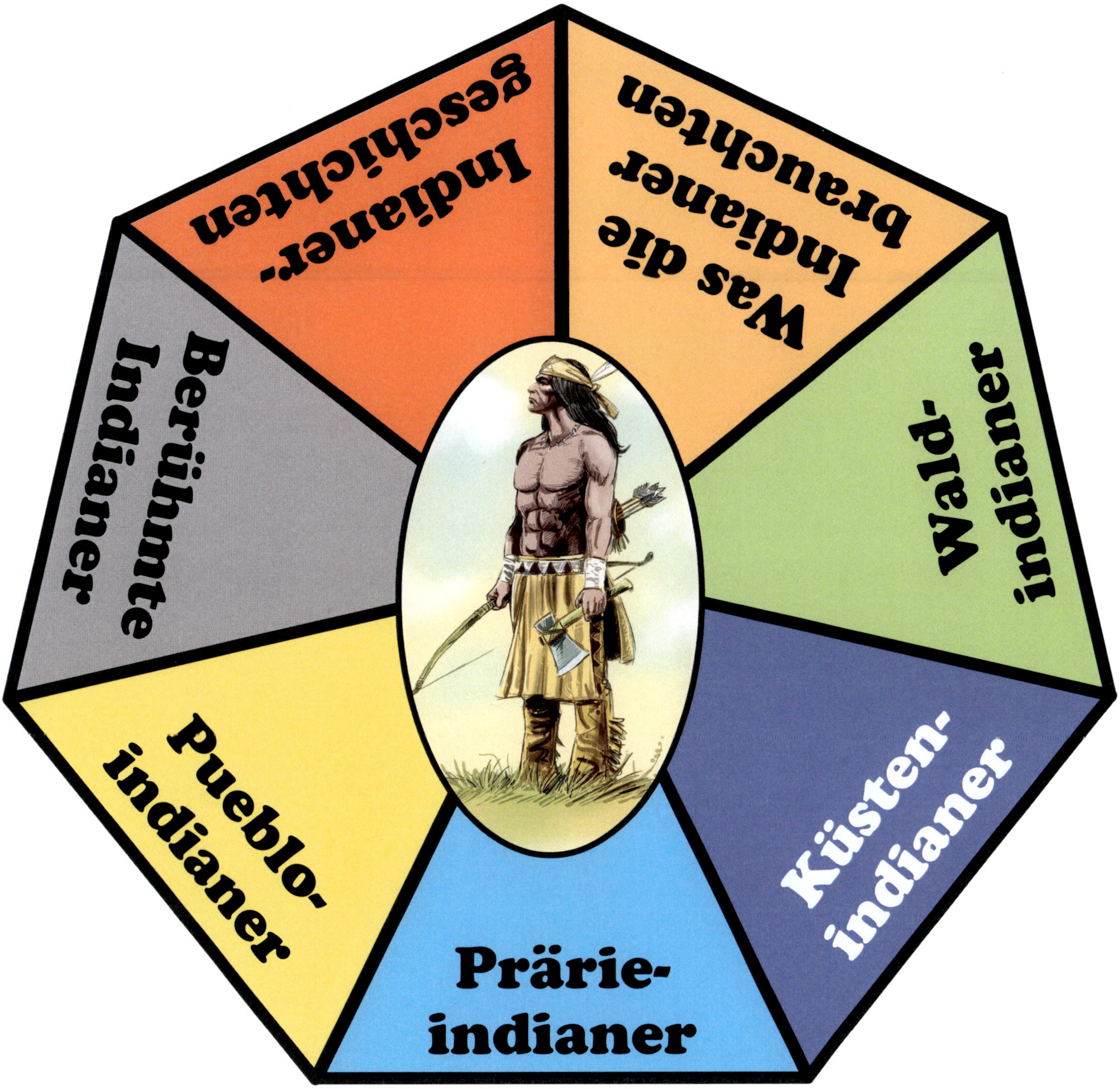

Indianer-geschichten

Was die Indianer brauchten

Wald-indianer

Küsten-indianer

Prärie-indianer

Pueblo-indianer

Berühmte Indianer

Arktis
Subarktis
Nordwest-
küste
Plateau
Prärie u.
Plains
Nordosten
Großes
Becken
Kali-
fornien
Südosten
Südwesten

Die Indianergeschichte
SHERIFF

Die Indianergeschichte

In Europa wurden die nordamerikanischen Indianer für lange Zeit als „Wilde“ oder „Heiden“ angesehen, die weit unter den europäischen „Christen“ standen. Den Europäern hatten die Indianer in ihrem Kampf um Land und Kultur wenig entgegen zu setzen – die Entdeckung Amerikas durch die Europäer hatte für die dortigen Ureinwohner schlimme Folgen.

Christoph Kolumbus

wurde um das Jahr 1451 in Genua (Italien) geboren. Eigentlich wollte er einen neuen Seeweg nach Indien finden. Nachdem Kolumbus viele Schriften, Briefe und Karten studiert hatte, fasste er den Plan, westwärts nach Indien zu segeln. Aus Indien und aus dem Kaiserreich China kamen nämlich für Europa wichtige, wertvolle Güter wie Seide und Gewürze. Der portugiesische König hielt jedoch nichts von der Idee. Doch bei Königin Isabella in Spanien fand er Unterstützung. So konnte Kolumbus am 3. August 1492 mit den drei Schiffen Santa Maria, Nina und Pinta und etwa 90 Mann Besatzung zu seiner ersten Expedition aufbrechen. Doch er landete in Amerika.

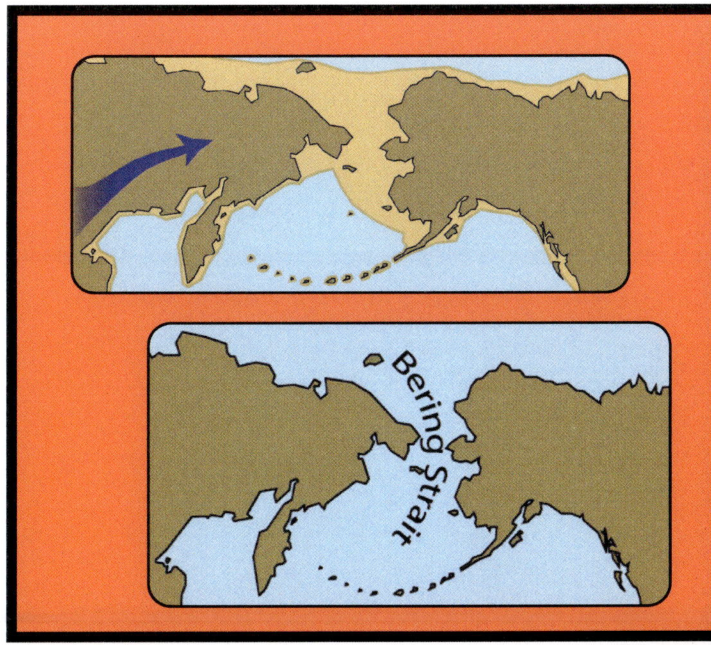

Überlebene vom Wounded Knee

Verschiedene Stämme

Die ersten Siedler gelangten bei ihrer Jagd auf Mammuts, Bisons und Karibus immer weiter nach Süden und bildeten im Laufe der Zeit sehr viele einzelne Gruppen oder Stämme. Jede dieser Gruppen entwickelte sich unabhängig weiter. Wir kennen z.B. die Apachen, Irokesen, Sioux, Komantschen, Inuit, Azteken, Inka und Maya. Sie lebten immer im Einklang mit der Natur.

Die ersten Siedler

Die ersten Siedler sollen bereits vor etwa 15.000 Jahre aus Sibirien eingewandert sein. Zu jener Zeit gab es noch eine Landverbindung aus Eis mit dem heutigen Alaska, die über die Beringstraße führte. Sobald die ersten Menschen auf dem Kontinent angelangt waren, verstreuten sie sich entlang der Ostküste bis in den Süden von Chile.

Die Bisons – Indianerbüffel

Die Einwanderer rodeten Wälder, bauten Farmhäuser und jagten Büffel. Oft schossen sie viel mehr Büffel als sie brauchten. Die Büffel-Herden waren aber die Lebensgrundlage für die Indianer. So begannen die Vertreibung der indianischen Ureinwohner und die Ausrottung vieler Stämme.

Die Einwanderer

Durch die europäischen Einwanderer und Eroberer erfolgte die Vertreibung und Vernichtung der Indianer. Krankheiten, Kriege und Versklavung dezimierten die indianische Bevölkerung stark. Auch der Alkohol, den die Indianer nicht kannten, trug zu ihrem Untergang bei. Die Europäer nahmen den Indianern Stück für Stück ihr Land weg. Im Jahre 1770 waren es schon über 2 Millionen Einwanderer.

Die Indianer heute

Die meisten Indianer in den Reservaten sind sehr arm, obwohl sich ihre Lage langsam bessert. Heute leben 3 bis 4 Millionen Indianer in Nordamerika. Viele wohnen inzwischen in Städten. Die Indianer sind sich ihrer gemeinsamen Herkunft bewusst, egal von welchem Stamm sie kamen, und unterstützen sich gegenseitig. Die Kinder lernen wieder ihre eigene Sprache.

Indian Removal Bill

Ein paar Jahrzehnte nach der amerikanischen Unabhängigkeitserklärung 1776 wurde ein Gesetz erlassen. Es hieß „Indian Removal Bill" (etwa „Gesetz zur Entfernung der Indianer"). Die Indianer wurden vertrieben. Entweder ließen sie bei diesen Kämpfen ihr Leben oder sie wurden zwangsweise in „Reservate" umgesiedelt. Das Massaker von Wounded Knee im Jahre 1890 bezwang die letzten Indianerstämme.

Was die Indianer brauchten

Das Lagerfeuer

Ein Lagerfeuer spendet Wärme, dient dem Trocknen von Kleidung, dem Kochen von Speisen, dem Vertreiben von Insekten und Raubtieren, dem Senden von Rauchzeichen sowie dem geselligen Zusammensein. Zu den Ritualen der Indianer zählten auch viele Tänze am Feuer, die für sie als Mittel galten, mit den Göttern zu sprechen.

Die wilden Pferde – Mustangs

Die ersten Pferde kamen mit den spanischen Eroberern im 16. Jhd. ins Land. Die Herden wuchsen schnell, und immer wieder riss ein Pferd aus. „Mustangs" nannte man sie, vom spanischen Wort mestengo, was „Fremder" oder „Vagabund" bedeutet. Einige Indianer fingen wilde Mustangs ein und zähmten sie. Viel einfacher war es aber, Tiere aus den Herden der Spanier zu stehlen. Ein Pferd zu besitzen hatte viele Vorteile. So konnte ein Jäger seine Beute viel länger und schneller verfolgen als zu Fuß. Auch konnte man nun weiter in die Prärie hinausziehen als zuvor: Auf dem Pferderücken schafften die Indianer etwa 20 km am Tag.

Die Waffen

Die Indianer verwendeten Waffen zu Jagd- und Kriegszwecken. Da sie häufig Mann gegen Mann gekämpft haben, war der Tomahawk in ganz Nordamerika verbreitet. Eine weitere Waffe war die Lanze. Die wohl bekannteste Fernwaffe war Pfeil und Bogen, die auch noch lange nach Einführung des Gewehrs benutzt wurde. Der Speer war ebenfalls eine Fernwaffe und wurde vorwiegend für die Jagd benutzt.

Die Friedenspfeife

Die Friedenspfeife kam meist beim Abschluss von Verträgen oder Friedensabkommen zum Einsatz. Der heilige Rauch wurde in alle vier Himmelsrichtungen geblasen. Wer mit einer Friedenspfeife in ein anderes Dorf kam, galt als Gesandter in friedlicher Absicht.

Bei Kriegserklärungen oder Friedensabschlüssen rauchte man oft aus besonderen, nur diesen Zwecken geweihte Pfeifen. Sie wurden auch als „Calumet" bezeichnet.

Das Kanu

Die ersten Ausführungen bestanden aus Tierhaut und Knochen bzw. Birkenrinde oder Holz.

In den Prärieregionen wurde das Boot für die Überquerung von Flüssen verwendet. Es wurde aus Weidengeflecht hergestellt und hatte ein schüsselartiges Aussehen. Über dieses Gestell wurden dann Tierhäute gezogen.

Die Kriegsbemalung und der Kopfschmuck

Über die Kriegsbemalung erkannten Indianer auf einen Blick, von welchem Stamm jemand kam und welche Taten er vollbracht hatte. Viele Indianer bemalten ihre Gesichter oder ihre Körper mit roter Farbe, wenn sie in den Krieg zogen.

Die Federn waren wie Orden und Abzeichen. Eine Federhaube stand für große kriegerische Leistung.

Der Traumfänger

Die Indianer glauben, dass gute und schlechte Träume nachts umherfliegen. Nach einer Sage fängt der Traumfänger alle bösen Träume ein. Nur die guten Träume finden den Weg durch die Maschen und fallen sanft auf dich herab. Die schlechten Träume werden im Netz des Traumfängers gefangen und dort fest gehalten. Erst am Morgen werden sie von den ersten Strahlen der Sonne aufgelöst.

Der Totempfahl

Die Blütezeit der Totempfähle erstreckt sich von Mitte bis zum Ende des 19. Jhs. Insbesondere die Haida, Tlingit, und Kwakiutl erstellten Totempfähle. Der Pfahl erzählte eine Geschichte oder zeigte die Stellung eines Indianerclans. Jeder Indianerstamm hatte seine eigene Zusammenstellung der Tiere und Figuren. Wichtige Wappentiere waren Schwertwal, Bär, Biber, Wolf, Rabe, Adler und Kormoran.

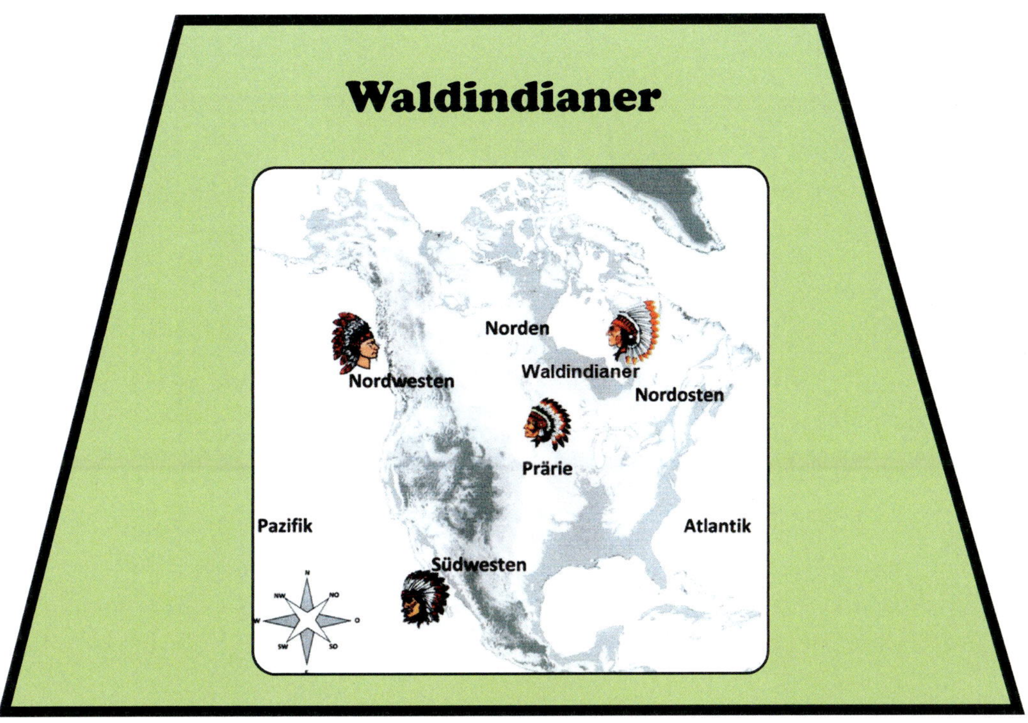
Waldindianer
Norden
Nordwesten
Waldindianer
Nordosten
Prärie
Pazifik
Atlantik
Südwesten

Die Waldindianer

Die Waldindianer lebten im Nordosten der USA und im Gebiet der Großen Seen. Dort gab es riesige Wälder.

Im Nordosten wohnten sie in kuppelförmigen Wigwams oder wie die Irokesen in Langhäusern aus dicken Holzbohlen.

Bekannte Waldindianer sind die Delaware, die Powhatan, die Mohikaner, die Irokesen, die Ojibwa und die Huronen.

Die Waldindianer

Die Indianer ernährten sich von der Jagd, dem Fischfang oder vom Ackerbau. Einige Stämme zogen umher, andere lebten in richtigen Siedlungen. Die Stämme der Irokesen bewohnten meist Dörfer. Diese Dörfer waren zum Teil mit hohen Palisaden (Schutzzäunen) umgeben. Außerhalb der Dörfer bauten die Indianer Mais und verschiedene Gemüse an. Die Felder wurden von den Frauen bestellt. Darüber hinaus sammelten sie zahlreiche Wildfrüchte, Nüsse, Pilze und essbare Wurzeln.

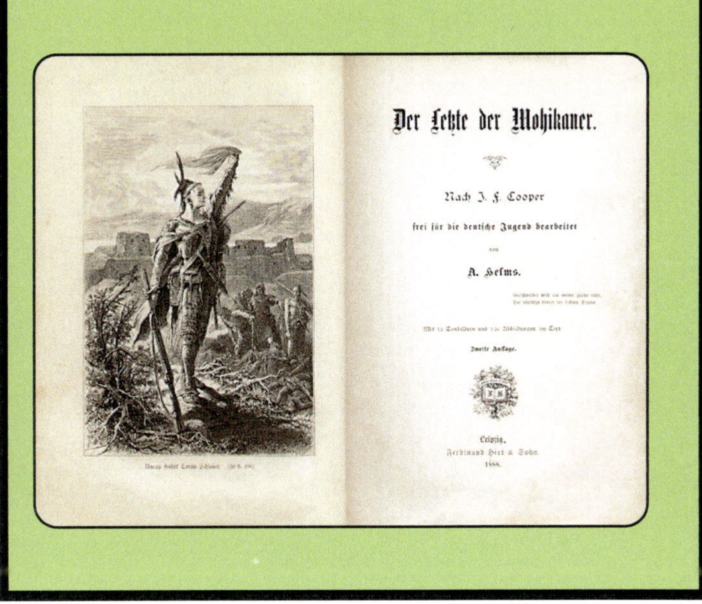

Der Letzte der Mohikaner.

Nach J. F. Cooper

frei für die deutsche Jugend bearbeitet

A. Helms.

Zweite Auflage.

Leipzig.
Ferdinand Hirt & Sohn.

Der Wigwam

Die Behausungen der Waldindianer waren die „Wigwams“ – anders als die Tipis waren die Wigwams teilweise richtig befestigte Häuser. Das Gerüst der Behausung bestand aus gebogenen Holzstämmen und wurde mit Tierfellen, Schilf oder Grasmatten bedeckt. Besonders die Waldindianer um die Großen Seen sowie an der Atlantikküste, meistens Algonkin und Sioux, verwendeten den Wigwam.

Die Irokesen

Bevor die Weißen in Nordamerika ankamen, gründeten die Irokesen die fünf Nationen, ihre berühmte Liga, die sie „Großer Friede“ nannten. Später wurde der Bund auf sechs Völker im Gebiet der Großen Seen erweitert. Die Irokesen selbst nannten und nennen sich „Völker des Langhauses“. Sie hatten mit vielen Stämmen Krieg. Heute noch bekannt ist die Irokesenfrisur.

Die Algonkin

Die meisten Algonkin lebten als Voll- oder Halbnomaden in den Nadelwäldern Kanadas, die für den Ackerbau nur begrenzt geeignet waren. Sie zogen als Jäger und Sammler durch die Wälder und lebten von Beeren, Früchten, Wurzeln, Samen, Ahornsirup sowie Fleisch (Wale, Bären, Karibus, Robben, Biber und Elche) und Fisch. Die Nachfahren der Algonkin leben heute noch in Kanada.

Die Huronen

Sie wohnten in Gebieten am St.-Lorenz-Strom und in Ontario. Ursprünglich waren die Huronen Teil des irokesischen Volkes, verfeindeten sich aber mit diesem und verbündeten sich mit Algonkin-Völkern. Sie lebten in Langhäusern und betrieben Landwirtschaft. Sie bauten Mais, Sonnenblumen, Bohnen, Kürbis und Tabak an und betrieben Fischfang.

Die Mohikaner

Sie sind ein Stamm der Algonkin-Sprachfamilie, der im Gebiet des nördlichen Hudson Rivers lebte. Ihre Behausungen waren Langhäuser und Wigwams. Während der Besiedlung von Neu-England waren die Mohikaner der bedeutendste Stamm des Gebietes. Bekannt geworden waren sie durch die Lederstrumpf-Romane von James Fenimore Cooper. In Coopers Zeit nannte man sie allgemein Mohican = Mohikaner.

Die Delaware

Die Delaware nannten sich selbst Lenni-Lenape, was etwa so viel bedeutet wie „wahre Menschen“. Die Europäer gaben ihnen den Namen Delaware, weil sie am Fluss Delaware und seinen Nebenflüssen lebten. Sie wohnten in Wigwams mit nur einem Raum. Vorwiegend lebten sie von der Jagd und vom Maisanbau. Die Delaware lebten friedlich mit den ersten europäischen Siedlern zusammen, wurden aber dann von den Irokesen angegriffen.

Küstenindianer

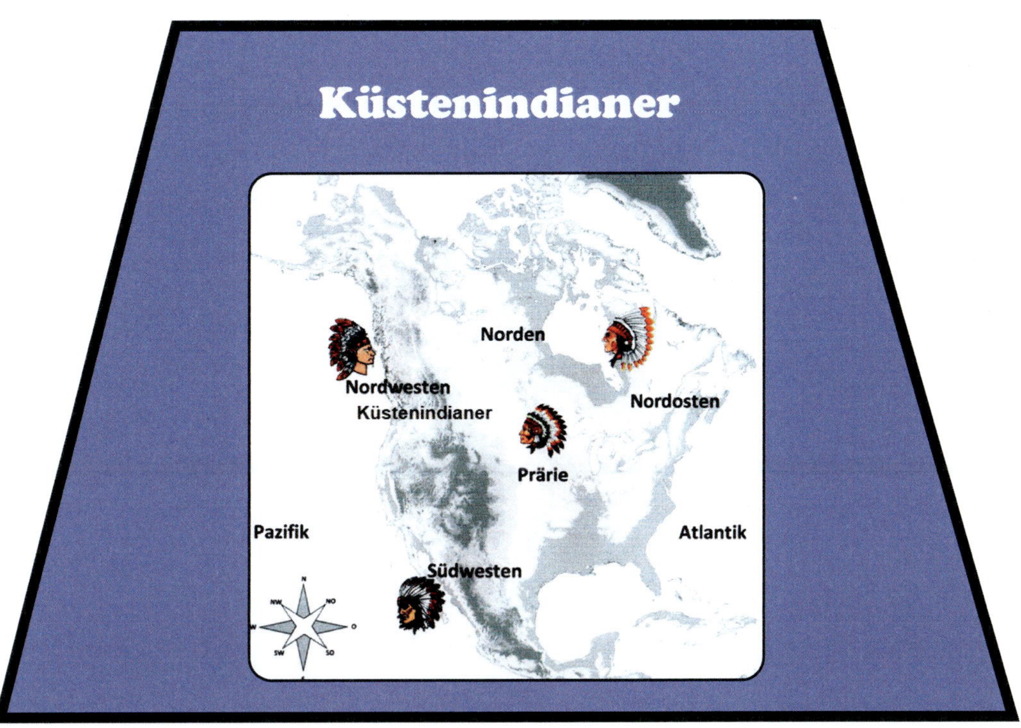

Die Küstenindianer

Die Küstenindianer lebten vom Fischfang. Nachts fuhren sie mit ihren Kanus auf das Meer hinaus und machten Jagd auf Robben und Wale. Zu den wichtigsten Stämmen in dieser Gegend zählten Tlingit, Haida, Kwakiutl und Chinook.

Die Küstenindianer

Die Küstenindianer lebten vorwiegend sesshaft. Sie lebten in Häusern aus dicken Holzplanken, den Plankenhütten (auch Langhäuser genannt). An den felsigen Küsten mit ihren zahlreichen Inseln gingen sie auf Jagd, um ihren Nahrungsbedarf zu decken.

Das Holz der dicht bewachsenen Küstenwälder nutzten sie für alle Bereiche ihres täglichen Lebens. Sie bauten daraus Boote und ihre Häuser, schnitzten Schalen, Löffel und Truhen.

Die Haida

Die Haida waren besonders berühmt für ihre eindrucksvollen Totempfähle. Auch sie lebten wie andere Küstenindianer hauptsächlich vom Fischfang, daneben gingen die Männer zur Jagd, und die Frauen sammelten Wildfrüchte und Beeren.

Sie machten außerdem Webarbeiten und waren für ihre Holzschnitzereien berühmt, bei denen Masken und auch Kanus entstanden.

Die Tlingit

Der Stamm der Tlingit lebte überwiegend vom Fischfang. Die Indianer dieses Stammes fuhren aber auch mit ihren Kanus auf das Meer hinaus, um dort Kabeljau und Heilbutt zu fangen. Krebse, Schnecken und Muscheln nutzen sie ebenso für ihre Ernährung, wie das Fleisch von Bären und Hirschen, die sie auf der Jagd erlegten.

Die Chinook

Die Chinook waren ein Volk der Flüsse und lebten meist als sesshafte Fischer (Lachs, Forelle, Hering) und Jäger (Vögel und Wild) vom Sammeln von Beeren, Nüssen und Wurzeln bzw. dem Anbau von Quamash (essbare Lilienzwiebel) und später Kartoffeln. In großen Siedlungen in gemeinsam von Großfamilien bewohnten Langhäusern (sog. Plankenhäuser), betrieben sie auch Vorratswirtschaft.

Die Kwakiutl

Die Clans bestanden aus einer oder mehreren eng verwandten Familien. Sie wurden durch einen Häuptling geführt und bewohnten 20 bis mehr als 250 Menschen umfassende Siedlungen.

Die Kwakiutl führten ihre Ahnen auf Sonne, Grizzlybär, Seemöwe und Donnervogel zurück. Der Glaube war animistisch, da viele Naturerscheinungen als von Geistern beseelt angesehen wurden.

Das Totem

Die Indianer lebten in großen Familien. Dazu gehörten Eltern, Kinder, Großeltern, Onkel, Tanten, Cousins und Cousinen. Jeder Clan (Großfamilie) hatte ein Tier oder Zeichen als Totem. Für die Indianer ist das wie ein Schutzgeist. Daher darf das Tier des Totems wie z. B. Adler oder Bär auch nicht verletzt oder getötet werden. Ein Totem soll vor Krankheit oder Hunger schützen. Ein Totempfahl hingegen stellt nur die Zugehörigkeit und Stellung einer Familie dar.

Der Glauben

So unterschiedlich die vielen Indianerstämme auch waren, hatten sie eine Gemeinsamkeit: ihren Glauben. Sie glaubten an eine heilige Energie, an Manitu. Manitu ist für die Indianer kein Gott in der Gestalt einer Person, wie es bei den Christen der Fall ist, sondern vielmehr eine Kraft, die sich in der Natur offenbart. Sie kommt in der Sonne zum Vorschein, die Licht, Wärme und Leben spendet. Und sie ist in Menschen und Tieren, Pflanzen und Steinen, Blitz und Donner.

Prärieindianer

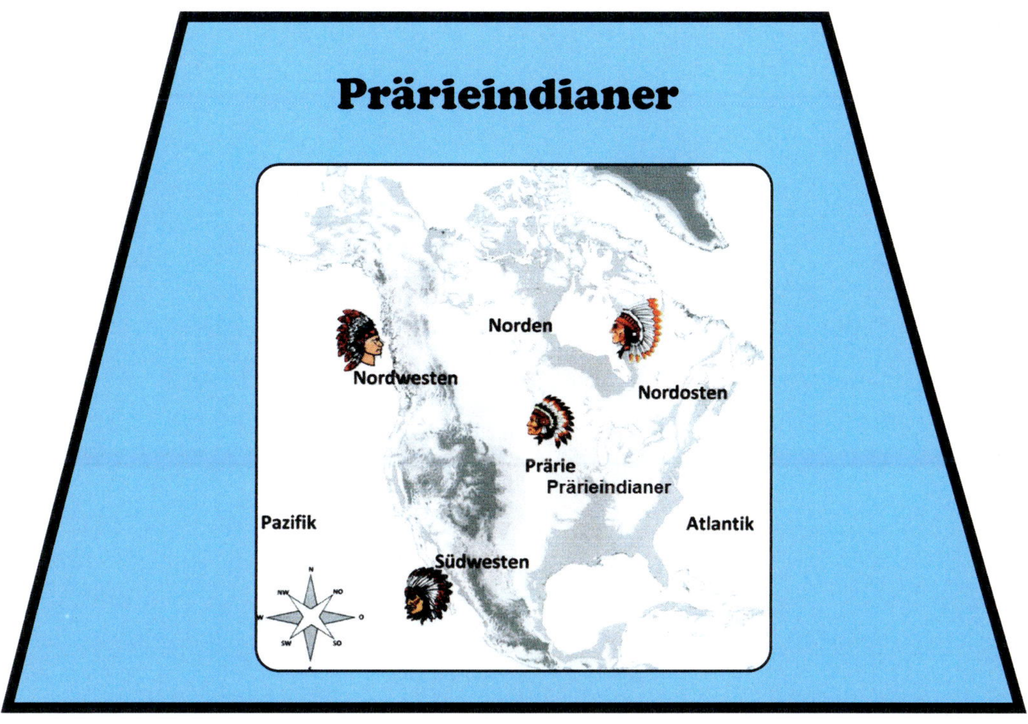

Die Prärieindianer

Die Prärieindianer (auch Plain-Indianer genannt) werden auch als Bisonjäger bezeichnet, weil ihre ganze Lebensweise auf die Jagd dieses Tieres ausgerichtet war. Zu ihnen zählten z. B. die Sioux, Cheyenne, Kiowa, Komantschen, Blackfoot und Teile der Apachen.

Die Prärieindianer

Die Prärieindianer waren Nomaden – sie lebten in Zelten, den so genannten „Tipis". An den großen Flüssen lebten auch einige sesshafte Stämme. Die Prärieindianer machten Jagd auf Bisons und folgten den Herden. Um 1600 verbreiteten sich die Pferde, von den Weißen mitgebracht, im Land. Zuvor war der Hund das einzige Lasttier bei ihren Wanderungen gewesen. Doch mit den Pferden konnten sie nun nicht nur viel größere Lasten transportieren, sondern auch viel schneller auf Bisonjagd gehen.

Sioux

Komantschen

Apache

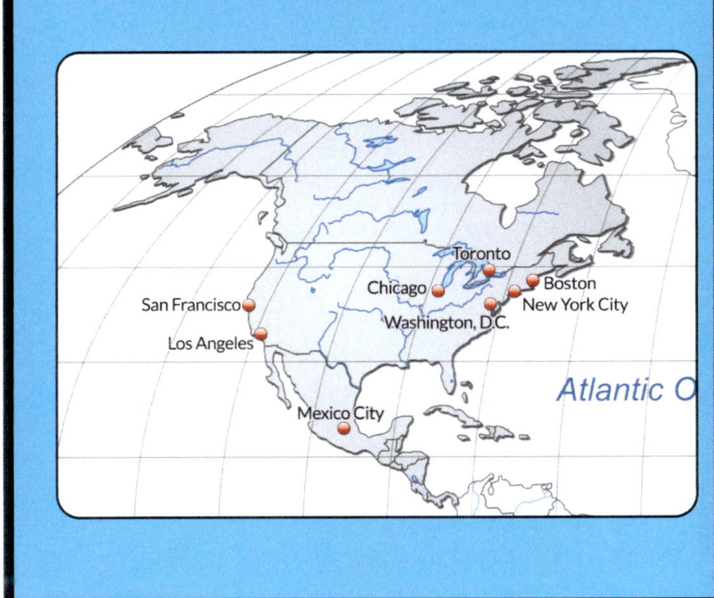
Toronto
Chicago
Boston
New York City
Washington, D.C.
San Francisco
Los Angeles
Mexico City
Atlantic O

Blackfoot

Der Nutzen des Bisons

Die Häute von 6 bis 8 Tieren ergaben ein Tipi, die Sohlen von Mokassins, Kleidungsstücke, Taschen und Boote. Aus Pansen entstanden Kochtöpfe und die Sehnen dienten als Nähgarn. Die Knochen wurden zu Messern und Schabern verarbeitet. Aus den Rippen stellten die Sioux Schlitten her. Die dicken Winterfelle boten Schutz und Wärme gegen die beißende Kälte auf den Plains. Es gab Puppen aus Bisonleder und Spielzeug aus Horn. Bisonschwänze schmückten die Tipis.

Sioux

Als Sioux werden drei Gruppen bezeichnet: Lakota, Westliche Dakota und (östliche) Dakota. Die Sioux waren ursprünglich Ackerbauern, die nur gelegentlich Bisons jagten. Erst als sie um 1700 Pferde besaßen, erhielt der Bison für die Sioux große Bedeutung und wurde als heiliges Tier verehrt.

Das normale Tipi der Sioux hatte am Boden einen Durchmesser von etwa fünf Metern und konnte eine ganze Familie aufnehmen.

Apachen

Die Apachen (auch Apatschen) bewohnten hauptsächlich die Wüsten- und Steppengebiete der Staaten Arizona, New Mexico und Texas. Sie waren im Südwesten das zahlreichste Volk. Um 1840 wurden sie noch auf 15.000 Personen geschätzt. Sie stahlen Rinder, Schafe, Maultiere und sogar Pferde, als es weniger Wild gab. Neben Fleisch verzehrten die Apachen auch Kürbisse, Bohnen und Beeren, in Zeiten der Not auch Eicheln.

Komantschen

Die Komantschen lebten bis zur Ankunft der ersten Europäer als Jäger und Sammler. Ihr Aufstieg zu einem der mächtigsten Kriegervölker begann, als die Spanier Pferde in Amerika einführten. Die Komantschen raubten Pferde von den Spaniern und den Apachen – und stellten ihr Leben um. Schon bald konnte keiner so gut reiten wie die Komantschen. Mitte des 19. Jh. schlossen sie dann Frieden mit den Apachen, aber auch mit einigen Europäern.

Blackfoot

Die Blackfoot waren nomadische Jäger und Sammler. Sie wohnten in kleinen Gruppen in Tipis aus Bisonfellen. Zu Jagdzügen schlossen sich manchmal einige Gruppen oder gar ein gesamter Unterstamm zusammen. Die Blackfoot lebten in einem Gebiet das reich an Büffeln, Antilopen und Rehwild war. Sie beteten die Sonne als höchste Gottheit, den Mond als seine Frau und den Morgenstern als den gemeinsamen Sohn an. Der Donner galt als mächtiger Geist.

Die Eisenbahn

Als etwa um 1850 der Bau der Eisenbahnstrecken begann, schränkte man die Rechte der Indianer noch weiter ein. Das Schienennetz breitete sich von Osten her immer weiter nach Westen aus. Im Jahr 1869 war es zum ersten Mal möglich, von der Ostküste bis zur Westküste mit dem Zug zu fahren. Die Indianer beschrieben die Eisenbahn als „eisernes Pferd“ und sahen sie als Bedrohung.

Puebloindianer

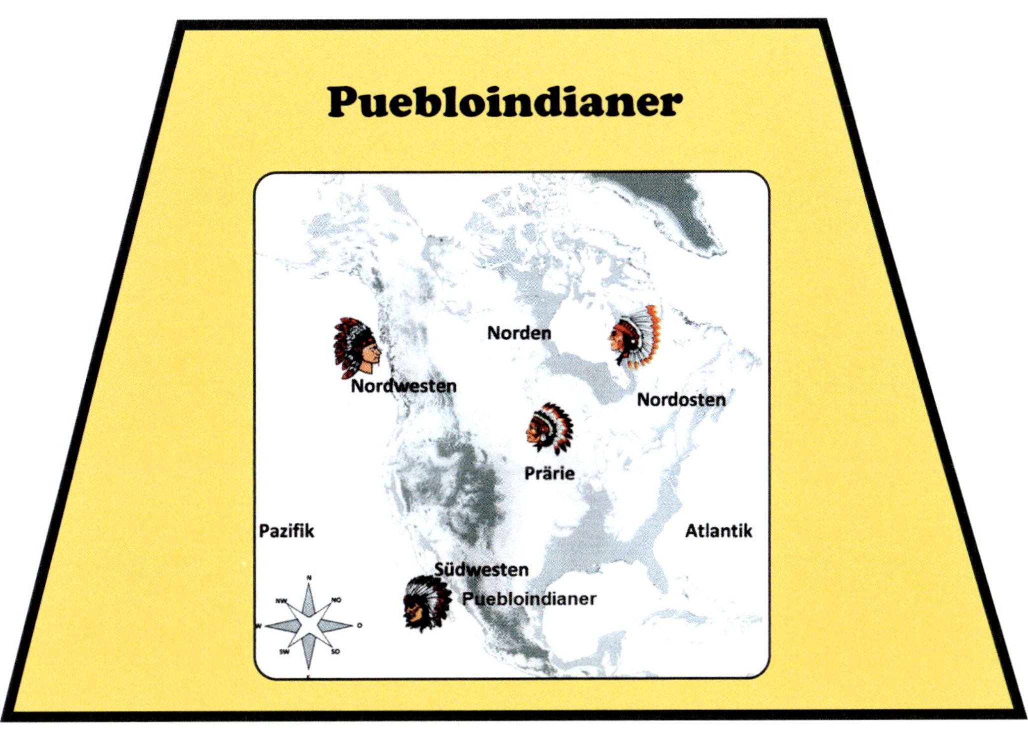

Die Puebloindianer

Zur Pueblo-Kultur gehörten z. B. die Hopi, Keres, Acoma, Tano und Zuni sowie ihre Vorgänger, die Anasazi. Die Pueblo-Indianer waren Maisbauern, die aber auch Bohnen und Kürbisse sowie Baumwolle und Tabak anbauten. Ein ausgedehntes Netz von Handelswegen verband die einzelnen Siedlungen. 1848 wurde das Gebiet der Puebloindianer Teil der Vereinigten Staaten von Amerika.

Die Puebloindianer

Pueblo bedeutet Dorf. Die Pueblos wurden entweder aus Lehmziegeln oder aus Stein errichtet. Ein Pueblo konnte bis zu fünf Stockwerke haben. Die höheren Stockwerke wurden immer ein Stück zurückversetzt, sodass der Pueblo ein treppenförmiges Aussehen erhielt. Die Räume waren nur über Leitern zu erreichen. Wurde ein Dorf überfallen, zog man die Leitern einfach ein und das Pueblo glich einer Festung. Einige Pueblos wurden direkt in einen Felsen gebaut. Nur die Wasserversorgung gestaltete sich schwierig.

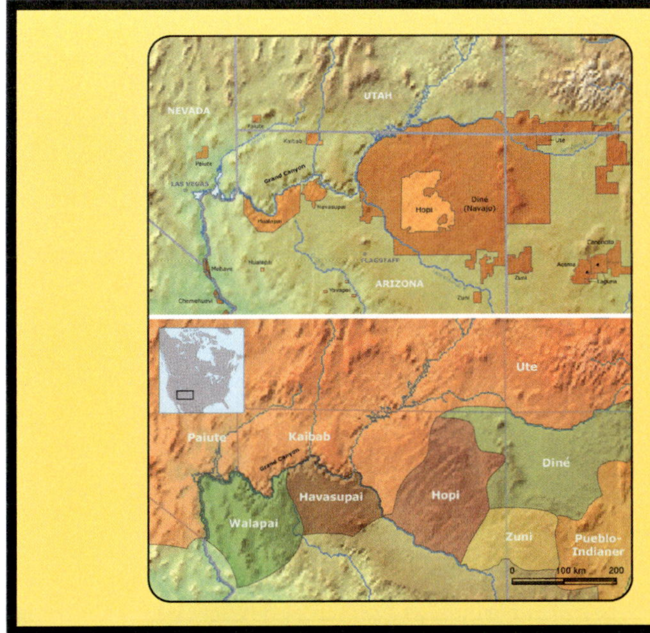
NEVADA
UTAH
Paiute
Kaibab
Ute
Paiute
Grand Canyon
LAS VEGAS
Havasupai
Hopi
Diné
(Navajo)
Mohave
Hualapai
FLAGSTAFF
ARIZONA
Zuni
Acoma
Laguna
Zuni
Ute
Paiute
Kaibab
Diné
Havasupai
Hopi
Walapai
Zuni
Pueblo-
Indianer
0
100 km
200

Navajos

Die Navajo

Diné ist ihr Eigenname und bedeutet so viel wie „Menschenvolk“. Die frühen Navajo waren nomadische Jäger und Sammler. Nachdem sie in den Südwesten gezogen waren, übernahmen sie jedoch viele der Praktiken der sesshaften Landwirtschaft der Pueblo-Indianer, in deren Nähe sie sich niederließen. Die Pueblo-Indianer beeinflussten die Navajo nicht nur in der Landwirtschaft, sondern auch in der Kunst. Sowohl bemalte Töpfereien wie auch Teppiche wurden geschaffen.

Die Hopi

Der Name Hopi bedeutet „die Friedlichen“. Schon etwa 2.500 v. Chr. begannen die ersten Indianer mit dem Anbau von Pflanzen und bauten Häuser. Sie legten Bewässerungssysteme an, damit Pflanzen wachsen konnten. Ihre festen Häuser aus Stein hatten sie lange Zeit vor ihren Feinden geschützt. Seit die Europäer Schafe und Rinder mitbrachten, betrieben sie auch Viehzucht.

Die Zuñi

Korbmacherei und Töpferei gehörten zu den wichtigsten handwerklichen Tätigkeiten. Die Apachen boten geraubte Pferde und Rinder, Wildpflanzen sowie Felle und Körbe. Im Gegenzug gaben die Zuñi die gewebten Zuñi-Decken, Calico (einfache, bedruckte, Baumwollstoffe), sowie andere nützliche Waren. Viele Männer und Frauen stellten Silberschmiedearbeiten und Türkisschmuck her. Die Zuñi waren allgemein, wie die anderen Puebloindianer, friedliebend.

Handwerk

Die Menschen nutzten alle natürlichen Materialien wie Stein, Holz und Knochen zur Herstellung von Werkzeugen und Gebrauchsgegenständen: Knochenahlen, Steinäxte und -messer, Feuerbohrer. Aus der früheren Kultur war das Korbflechten schon bekannt. Mit der Zeit erlangten die Menschen aber auch zunehmendes Geschick für Töpferei.

Was Puebloindianer aßen

Lebensgrundlage in dieser Zeit war meist der Anbau von Mais und Bohnen und das Sammeln von Wildpflanzen und -früchten. Dazu kam die Jagd auf Dickhornschaf, Wapiti, Maultierhirsch, Gabelbock, Hase und anderes Kleinwild. Die Puebloindianer züchteten Truthähne und Hunde. Als die Spanier in ihr Land eindrangen, übernahmen sie auch die Schafzucht.

Der Medizinmann

Medizinmänner spielten im Leben der Indianer eine ganz wichtige Rolle. Zu ihren Aufgaben gehörte es, alle Heilkräuter und Rituale zu kennen, um Kranke zu heilen. Durch in Träumen von den Geistern erhaltene Hinweise sollte er auch den Ausgang von Jagd- und Kriegszügen sowie das Schicksal seines Stammes voraussehen. Die Medizinmänner wehrten mit ihren Zauberhandlungen böse Mächte ab. Das geschah durch Gesänge und Tänze, die von Handtrommeln und Rasseln begleitet wurden.

Berühmte Indianer

Red Cloud
Geronimo
Cochise
Sitting Bull
Crazy Horse

Berühmte Indianer

Berühmte Indianer waren Red Cloud, Sitting Bull, Crazy Horse, Cochise, Geronimo und Big Foot. Die bekannteste Indianerin war Pocahontas.

Dann gab es noch die Indianer, die es nicht in der Realität gab:

Winnetou und Yakari.

Pocahontas

Die Häuptlingstochter Pocahontas vom Stamm der Powhatan war Nordamerikas berühmteste Indianerin und lebte von 1595 bis 1617 in Virginia und England. Englische Siedler begannen sich damals in Amerika niederzulassen. Bald gab es Streit. Pocahontas kam als Geisel in die Siedlung Jamestown. Ihr gefiel das Leben in der Kolonie.

Dort lernte sie ihren künftigen Ehemann John Rolfe kennen. Um den Frieden weiterhin zu sichern, heiratete Pocahontas ihn 1614 mit dem Einverständnis ihres Vaters. Es war die erste registrierte Ehe zwischen einer Indianerin und einem Engländer.

Sitting Bull
(um 1831-1890)

Sitting Bull (sitzender Büffel) hieß eigentlich Tatanka Yotanka. Er war Häuptling und Medizinmann eines Lakota-Sioux-Stammes. Er lebte später in Reservaten und unterstützte die Geistertanz-Bewegung. Sitting Bull wurde 1890 verhaftet und von Polizisten erschossen.

Geronimo
(1829-1909)

Geronimo war der Kriegshäuptling und Medizinmann einer Gruppe Apachen.

Sein lang andauernder Kampf wegen der von ihm als Unrecht empfundenen Besetzung seines Landes und sein erfolgreicher Widerstand gegen Truppen der USA und Neu Mexikos machten ihn zu einem der bekanntesten Ureinwohner Nordamerikas.

Crazy Horse
(um 1839-1877)

Er war ein Anführer der Oglala-Indianer, der westlichen Sioux (Lakota). Er wurde um 1839 geboren und starb am 5. September 1877 in Fort Robinson, Nebraska. 1876 besiegten drei Häuptlinge (Crazy Horse, Sitting Bull und Bigfioot) mit ihren Kriegern das 7. Kavallerieregiment unter General Custer am Little Bighorn River. Das war die größte Niederlage der US-Armee gegen die Indianer. Dabei starben General George A. Custer und ein großer Teil seiner Männer.

Red Cloud
(um 1822-1909)

Red Cloud war ein Sioux-Häuptling. Als 1862 in den Bergen Gold entdeckt wurde, zogen viele Weiße durch die letzten großen Jagdgründe der Indianer. So gab es Streit zwischen der US Regierung und den Lakotas. Der Krieg wurde um die Kontrolle im heutigen Wyoming geführt, das entlang einer Hauptzugangsstrecke zu den Goldfeldern lag. Der Krieg endete mit dem Vertrag von Fort Laramie 1868, welcher vorläufig einen vollständigen Sieg der Indianer bedeutete.

Big Foot
(um 1815-1890)

Big Foot, auch bekannt als Si Tanka oder Spotted Elk, war ebenfalls Häuptling eines Stammes der Lakota-Sioux Indianer. Er führte eine Gruppe Lakota aus dem Reservat. Die US-Armee verfolgte sie und dabei kam es zum Massaker am Wounded Knee. Si Tanka sowie über 200 Männer, Frauen und Kinder wurden dabei getötet.

Cochise (um 1805-1874)

Cochises Leben war geprägt durch die Kämpfe der Apachen gegen die Besiedlung des Nordens von Mexiko und des Südwestens der USA. Um 1870 gab es eine außergewöhnliche Freundschaft zwischen dem Chiricahua-Apachen-Häuptling Cochise und einem Poststellenleiter namens Tom Jeffords. Jeffords ritt in das Territorium von Cochise, um ihn zu bitten, seine Männer zukünftig von den Überfällen zu verschonen. Anstatt den Eindringling jedoch zu töten, bewunderte der Indianerhäuptling Jeffords Mut und es entstand eine Freundschaft.

Die **Wikinger** kamen um das Jahr 1000 herum mit Leif Eriksson nach Amerika. Er war der erste Europäer, der amerikanisches Festland betrat. Man vermutet, dass es sich um Labrador oder Neufundland handelte, auf jeden Fall an der Küste, die heute zu Kanada gehört.

Pemmikan

Für den Winter wurde das Fleisch der Bisons in der Sonne getrocknet. Dann stampfte man es klein. Es wurde mit Kräutern, Beeren und Samen gemischt. Schließlich wurde diese Masse mit Bisonfett verknetet.

Der **Pelzhandel** zwischen Weißen und Indianern spielte eine wichtige Rolle. Die Einwanderer hatten großen Bedarf an Pelzen für den heimischen Markt und Fernhandel. Die Händler tauschten Biberpelze, Otterfelle und andere Pelzarten bei den Indianern ein.

Der Häuptling

Geführt wurde ein Klan oder Stamm von einem Häuptling, der in einer beinahe absoluten Machtposition war. Daneben gab es drei Klassen: den Adel, das Volk und die Sklaven.

Die Prärie

Die Prärie ist die mit Gras bewachsene Steppe Nordamerikas. Sie erstreckt sich von den Rocky Mountains im Westen bis zu den Großen Seen im Osten. In Nord-Süd Ausrichtung breitete sie sich ursprünglich von Kanada bis nach Texas aus.

Die **Anasazi** hinterließen beeindruckende Bauten – ganze Städte, die an den steilen Wänden von Felscanyons klebten. Doch die alte Pueblo-Kultur endete wenige Jahrzehnte später so plötzlich, wie sie begonnen hatte: Die Indianer gaben ihre Felsbehausungen auf und verließen die Canyons, sie verstreuten sich im Südwesten.

Winnetou

Winnetou (laut Karl May bedeutet es „Brennendes Wasser“) ist ein Apachen-Häuptling aus vielen Romanen und Filmen von Karl May, die im Wilden Westen spielen.

Die Aufteilung Amerikas

KOHL VERLAG
INDIANER Die Ureinwohner Amerikas – Bestell-Nr. 15 066

Die **Küsten-Indianer** lebten in Häusern aus Holz, den Plankenhütten (auch Langhäuser genannt). Sie bauten Kanus, fuhren aufs Meer und lebten von der Jagd auf Robben und Wale sowie vom Fischfang. Oft gab es vor ihrem Haus einen Totempfahl.

Die **Pueblo-Indianer** bauten Siedlungen aus mehrstöckigen Lehmhäusern, genannt „Pueblo". Die Häuser wurden teilweise in die Felsen hineingebaut, um gut geschützt zu sein. Sie waren sesshaft und lebten vom Ackerbau.

Die **Prärie-Indianer** waren Nomaden – sie lebten in Zelten, den so genannten „Tipis". Die Tipis waren mit Büffelleder bespannt und konnten schnell auf- und abgebaut werden. Die Prärie-Indianer machten Jagd auf Büffel und folgten den Herden.

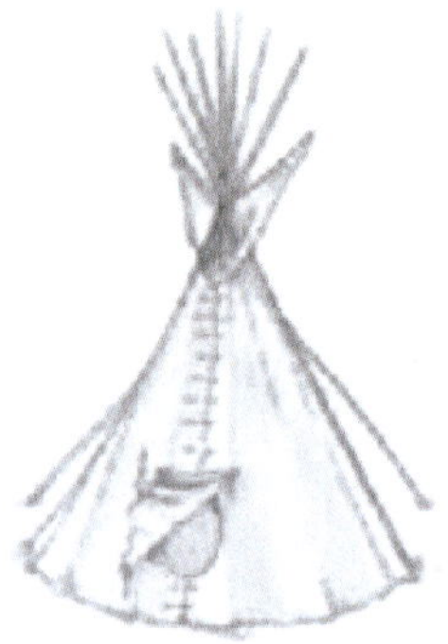

Die **Wald-Indianer** bauten meist „Wigwams". Äste wurden kuppelförmig zusammengebunden. Darüber deckten die Indianer Rinde und Gras- oder Schilfmatten. Sie ernährten sich von der Jagd, dem Fischfang oder vom Ackerbau.